화엄경 제80권 (입법계품 39-21) 해설

문수보살이 멀리서 오른 손을 펴서 1백 1십 유순을 지나서 온 선재동자의 이마를 만지면서
"착하다. 만약 믿음의 뿌리가 없었다면 마음이 용렬하니 공덕을 닦고 정근하지 못했을 것이다."
하고 그 모습이 사라져 버렸다. 이에 선재가 문수를 찾다가 3천대천세계에 가득찬 선지식을 보고 친근공양, 마음이 거스리는 바가 없었다.

온갖 지혜로 나아가 구하여 대비의 바다를 넓히고, 인자한 구름을 일으키며 중생을 살펴 환희케 하고 보살의 법문에 편안히 머물렀다. 그리고 보현보살의 이름과 행, 원과 도를 연모하여 뵙기를 희망하니 곧 보리도량 여래의 사자좌에 앉아서

① 허공과 같이 광대한 마음
② 모든 세계를 버리고 애착을 끊고
③ 걸림 없는 법에 두루 행하려는 마음
④ 모든 시방세계에 들어가려는 마음
⑤ 모든 지혜의 경계에 들어가려는 마음
⑥ 도량장엄을 보려는 마음
⑦ 부처님 법바다에 들어가고자 하는 마음
⑧ 중생세계를 교화하려는 마음
⑨ 국토를 깨끗이 하려는 마음
⑩ 모든 겁에 머물려는 끝없는 마음을 일으키니

낱낱 티끌 속에서 부처님의 광명과 바퀴·형상·불꽃·향·일월성신

·중생·부처·보살의 구름이 일어나 여러 부처님의 광대한 서원을 말했다.

이때 보현보살이 나타나 불공덕을 찬탄하였다.

"佛智廣大如虛空 普遍一切衆生心
悉了世間諸妄想 不起種種異分別"

부처님 지혜 넓고 크기 허공과 같아
중생들의 마음에 두루하고
세간의 헛된 생각 모두 알지만
갖가지 다른 분별 내지 아니 한다.

入法界品 第三十九之二 (입법계품 제삼십구지이)

十一 (십일)

爾時善財童子依彌勒菩 (이시선재동자의미륵보)

薩摩訶薩教漸次而行經由 (살마하살교점차이행경유)

一百一十餘城已到普門國 (일백일십여성이도보문국)

蘇摩那城住其門所思惟文 (소마나성주기문소사유문)

殊師利隨順觀察周旋求覓 (수사리수순관찰주선구멱)

希희 欲욕 奉봉 覲근 是시 時시 文문 殊수 師사 利리 遙요
伸신 右우 手수 過과 一일 百백 一일 十십 由유 旬순 按안
善선 財재 頂정 作작 如여 是시 言언 善선 哉재 善선 哉재
善선 男남 子자 若약 離리 信신 根근 心심 劣렬 憂우 悔회
功공 行행 不불 具구 退퇴 失실 精정 勤근 於어 一일 善선
根근 心심 生생 住주 着착 於어 少소 功공 德덕 便편 以이
爲위 足족 不불 能능 善선 巧교 發발 起기 行행 願원 不불

사경의 공덕은 십만억 부처님께 공양한 것과 같은 공덕이 있습니다.

爲(위)善(선)知(지)識(식)之(지)所(소)攝(섭)護(호)不(불)爲(위)如(여)

來(래)之(지)所(소)憶(억)念(념)不(불)能(능)了(료)知(지)如(여)是(시)

法(법)性(성)如(여)是(시)理(리)趣(취)如(여)是(시)法(법)門(문)如(여)

是(시)所(소)行(행)如(여)是(시)境(경)界(계)若(약)周(주)偏(변)知(지)

若(약)種(종)種(종)知(지)若(약)盡(진)源(원)底(저)若(약)解(해)了(료)

若(약)趣(취)入(입)若(약)解(해)脫(탈)若(약)分(분)別(별)若(약)證(증)

知(지)若(약)獲(획)得(득)皆(개)悉(실)不(불)能(능)是(시)時(시)文(문)

及 급	無 무	願 원	菩 보	門 문	令 영	殊 수
置 치	邊 변	無 무	薩 살	具 구	善 선	師 사
善 선	際 제	邊 변	無 무	足 족	財 재	利 리
財 재	智 지	際 제	邊 변	無 무	童 동	宣 선
自 자	令 영	三 삼	際 제	量 량	子 자	說 설
所 소	入 입	昧 매	陀 다	大 대	成 성	此 차
住 주	普 보	無 무	羅 라	智 지	就 취	法 법
處 처	賢 현	邊 변	尼 니	光 광	阿 아	示 시
文 문	行 행	際 제	無 무	明 명	僧 승	敎 교
殊 수	道 도	神 신	邊 변	令 영	祇 기	利 리
師 사	場 량	通 통	際 제	得 득	法 법	喜 희

利(리)還(환)攝(섭)不(불)現(현)於(어)是(시)善(선)財(재)思(사)惟(유)
觀(관)察(찰)一(일)心(심)願(원)見(견)文(문)殊(수)師(사)利(리)及(급)
見(견)三(삼)千(천)大(대)千(천)世(세)界(계)微(미)塵(진)數(수)諸(제)
善(선)知(지)識(식)悉(실)皆(개)親(친)近(근)恭(공)敬(경)承(승)事(사)
受(수)行(행)其(기)教(교)無(무)有(유)違(위)逆(역)增(증)長(장)趣(취)
求(구)一(일)切(체)智(지)慧(혜)廣(광)大(대)悲(비)海(해)益(익)大(대)
慈(자)雲(운)普(보)觀(관)衆(중)生(생)生(생)大(대)歡(환)喜(희)安(안)

住(주) 菩(보) 薩(살) 寂(적) 靜(정) 法(법) 門(문) 普(보) 緣(연) 一(일) 切(체)
廣(광) 大(대) 境(경) 界(계) 學(학) 一(일) 切(체) 佛(불) 廣(광) 大(대) 功(공)
德(덕) 入(입) 一(일) 切(체) 佛(불) 決(결) 定(정) 知(지) 見(견) 增(증) 一(일)
切(체) 智(지) 助(조) 道(도) 之(지) 法(법) 善(선) 修(수) 一(일) 切(체) 菩(보)
薩(살) 深(심) 心(심) 知(지) 三(삼) 世(세) 佛(불) 出(출) 興(흥) 次(차) 第(제)
入(입) 一(일) 切(체) 法(법) 海(해) 轉(전) 一(일) 切(체) 法(법) 輪(륜) 生(생)
一(일) 切(체) 世(세) 間(간) 入(입) 於(어) 一(일) 切(체) 菩(보) 薩(살) 願(원)

사경의 공덕은 십만억 부처님께 공양한 것과 같은 공덕이 있습니다.

入 입	現 현	界 계	普 보	薩 살	一 일	海 해
無 무	其 기	於 어	照 조	諸 제	切 체	住 주
礙 애	身 신	一 일	十 시	根 근	如 여	一 일
法 법	靡 미	切 체	方 방	獲 획	來 래	切 체
住 주	不 불	佛 불	除 제	一 일	境 경	劫 겁
於 어	周 주	刹 찰	諸 제	切 체	界 계	修 수
法 법	徧 변	一 일	暗 암	智 지	長 장	菩 보
界 계	摧 최	切 체	障 장	淸 청	養 양	薩 살
平 평	一 일	諸 제	智 지	淨 정	一 일	行 행
等 등	切 체	有 유	周 주	光 광	切 체	照 조
之 지	障 장	普 보	法 법	明 명	菩 보	明 명

場 장	賢 현	地 지	地 지	助 조	普 보	地 지
毘 비	菩 보	威 위	勝 승	道 도	賢 현	觀 관
盧 로	薩 살	力 력	進 진	正 정	菩 보	察 찰
遮 자	卽 즉	地 지	地 지	道 도	薩 살	普 보
那 나	於 어	同 동	住 주	諸 제	摩 마	賢 현
如 여	此 차	住 주	地 지	地 지	訶 하	解 해
來 래	金 금	渴 갈	修 수	地 지	薩 살	脫 탈
師 사	剛 강	仰 앙	習 습	方 방	名 명	境 경
子 자	藏 장	欲 욕	地 지	便 편	字 자	界 계
座 좌	菩 보	見 견	境 경	地 지	行 행	卽 즉
前 전	提 리	普 보	界 계	入 입	願 원	聞 문

사경의 공덕은 십만억 부처님께 공양한 것과 같은 공덕이 있습니다.

一 일	淨 정	無 무	法 법	切 체	空 공	一 일
切 체	心 심	礙 애	無 무	着 착	界 계	切 체
佛 불	觀 관	心 심	礙 애	無 무	廣 광	寶 보
法 법	道 도	普 보	心 심	礙 애	大 대	蓮 연
海 해	場 량	入 입	徧 변	心 심	心 심	華 화
廣 광	莊 장	一 일	入 입	普 보	捨 사	藏 장
大 대	嚴 엄	切 체	一 일	行 행	一 일	座 좌
心 심	明 명	智 지	切 체	一 일	切 체	上 상
化 화	了 료	境 경	十 시	切 체	刹 찰	起 기
一 일	心 심	界 계	方 방	無 무	離 이	等 등
切 체	入 입	淸 청	海 해	礙 애	一 일	虛 허

사경의 공덕은 십만억 부처님께 공양한 것과 같은 공덕이 있습니다.

等 등	同 동	切 체	起 기	如 여	無 무	衆 중
爲 위	善 선	如 여	如 여	來 래	量 량	生 생
十 십	根 근	來 래	是 시	十 십	心 심	界 계
所 소	力 력	所 소	心 심	力 력	住 주	周 주
謂 위	故 고	加 가	時 시	究 구	一 일	徧 변
見 견	見 견	被 피	由 유	竟 경	切 체	心 심
一 일	十 십	力 력	自 자	心 심	劫 겁	淨 정
切 체	種 종	普 보	善 선	善 선	無 무	一 일
佛 불	瑞 서	賢 현	根 근	財 재	盡 진	切 체
刹 찰	相 상	菩 보	力 력	童 동	心 심	國 국
淸 청	何 하	薩 살	一 일	子 자	趣 취	土 토

一 일	淸 청	衆 중	嚴 엄	切 체	切 체	淨 정
切 체	淨 정	生 생	飾 식	佛 불	佛 불	一 일
佛 불	種 종	身 신	見 견	刹 찰	刹 찰	切 체
刹 찰	種 종	心 심	一 일	淸 청	淸 청	如 여
淸 청	衆 중	淸 청	切 체	淨 정	淨 정	來 래
淨 정	寶 보	淨 정	佛 불	衆 중	無 무	成 성
一 일	之 지	見 견	刹 찰	妙 묘	諸 제	等 등
切 체	所 소	一 일	淸 청	蓮 연	惡 악	正 정
衆 중	莊 장	切 체	淨 정	華 화	道 도	覺 각
生 생	嚴 엄	佛 불	一 일	以 이	見 견	見 견
諸 제	見 견	刹 찰	切 체	爲 위	一 일	一 일

사경의 공덕은 십만억 부처님께 공양한 것과 같은 공덕이 있습니다.

相(상)嚴(엄)身(신)見(견)一(일)切(체)佛(불)刹(찰)清(청)淨(정)諸(제)
莊(장)嚴(엄)雲(운)以(이)覆(부)其(기)上(상)見(견)一(일)切(체)佛(불)
刹(찰)清(청)淨(정)一(일)切(체)衆(중)生(생)互(호)起(기)慈(자)心(심)
遮(체)相(상)利(이)益(익)不(불)爲(위)惱(뇌)害(해)見(견)一(일)切(체)
佛(불)刹(찰)清(청)淨(정)道(도)場(량)莊(장)嚴(엄)見(견)一(일)切(체)
佛(불)刹(찰)清(청)淨(정)一(일)切(체)衆(중)生(생)心(심)常(상)念(념)
佛(불)是(시)爲(위)十(십)又(우)見(견)十(십)種(종)光(광)明(명)相(상)

사경의 공덕은 십만억 부처님께 공양한 것과 같은 공덕이 있습니다.

何等爲十所謂見一切世界
하등위십소위견일체세계

所有微塵一一塵中出一切
소유미진일일진중출일체

世界微塵數佛光明網雲周
세계미진수불광명망운주

徧照耀一一塵中出一切世
변조요일일진중출일체세

界微塵數佛光明輪雲種種
계미진수불광명륜운종종

色相周徧法界一一塵中出
색상주변법계일일진중출

一切世界微塵數佛色像寶
일체세계미진수불색상보

界 계	功 공	十 시	世 세	周 주	切 체	雲 운
微 미	德 덕	方 방	界 계	徧 변	世 세	周 주
塵 진	海 해	稱 칭	微 미	法 법	界 계	徧 변
數 수	一 일	讚 찬	塵 진	界 계	微 미	法 법
日 일	一 일	普 보	數 수	一 일	塵 진	界 계
月 월	塵 진	賢 현	衆 중	一 일	數 수	一 일
星 성	中 중	一 일	妙 묘	塵 진	佛 불	一 일
宿 숙	出 출	切 체	香 향	中 중	光 광	塵 진
雲 운	一 일	行 행	雲 운	出 출	焰 염	中 중
皆 개	切 체	願 원	周 주	一 일	輪 륜	出 출
放 방	世 세	大 대	徧 변	切 체	雲 운	一 일

사경의 공덕은 십만억 부처님께 공양한 것과 같은 공덕이 있습니다.

普賢菩薩光明徧照法界一
보현보살광명변조법계일

一塵中出一切世界微塵數
일진중출일체세계미진수

一切衆生身色像雲放佛光
일체중생신색상운방불광

明徧照法界一一塵中出一
명변조법계일일진중출일

切世界微塵數一切佛色像
체세계미진수일체불색상

摩尼雲周徧法界一一塵中
마니운주변법계일일진중

出一切世界微塵數菩薩身
출일체세계미진수보살신

사경의 공덕은 십만억 부처님께 공양한 것과 같은 공덕이 있습니다.

色像雲充滿法界令一切衆
生皆得出離所願滿足一一
塵中出一切世界微塵數如
來身色像雲說一切佛廣大
誓願周徧法界是爲十時善
財童子見此十種光明相已
卽作是念我今必見普賢菩

사경의 공덕은 십만억 부처님께 공양한 것과 같은 공덕이 있습니다.

薩增益善根見一切佛於諸
살증익선근견일체불어제

菩薩廣大境界生決定解得
보살광대경계생결정해득

一切智於時善財普攝諸根
일체지어시선재보섭제근

一心求見普賢菩薩起大精
일심구견보현보살기대정

進心無退轉卽以普眼觀察
진심무퇴전즉이보안관찰

十方一切諸佛諸菩薩衆所
시방일체제불제보살중소

見境界皆作得見普賢之想
견경계개작득견보현지상

以智慧眼觀普賢道其心廣
이지혜안관보현도기심광

大猶如虛空大悲堅固猶如
대유여허공대비견고유여

金剛願盡未來常得隨逐普
금강원진미래상득수축보

賢菩薩念念隨順修普賢行
현보살염념수순수보현행

成就智慧入如來境住普賢
성취지혜입여래경주보현

地時善財童子卽見普賢菩
지시선재동자즉견보현보

薩在如來前衆會之中坐寶
살재여래전중회지중좌보

蓮華師子之座諸菩薩衆所

共圍遶最爲殊特世無與等

智慧境界無量無邊難測難

思等三世一切菩薩無能

觀察見普賢身一一毛孔出

一切世界微塵數光明雲徧

法界虛空界一切世界除滅

一(일) 切(체) 衆(중) 生(생) 苦(고) 患(환) 令(영) 諸(제) 菩(보) 薩(살) 生(생)
大(대) 歡(환) 喜(희) 見(견) 一(일) 一(일) 毛(모) 孔(공) 出(출) 一(일) 切(체)
佛(불) 刹(찰) 微(미) 塵(진) 數(수) 種(종) 種(종) 色(색) 香(향) 焰(염) 雲(운)
徧(변) 法(법) 界(계) 虛(허) 空(공) 界(계) 一(일) 切(체) 諸(제) 佛(불) 衆(중)
會(회) 道(도) 場(량) 而(이) 以(이) 普(보) 熏(훈) 見(견) 一(일) 一(일) 毛(모)
孔(공) 出(출) 一(일) 切(체) 佛(불) 刹(찰) 微(미) 塵(진) 數(수) 雜(잡) 華(화)
雲(운) 徧(변) 法(법) 界(계) 虛(허) 空(공) 界(계) 一(일) 切(체) 諸(제) 佛(불)

諸 제	妙 묘	一 일	佛 불	樹 수	毛 모	衆 중
佛 불	衣 의	毛 모	衆 중	雲 운	孔 공	會 회
衆 중	雲 운	孔 공	會 회	徧 변	出 출	道 도
會 회	徧 변	出 출	道 도	法 법	一 일	場 량
道 도	法 법	一 일	場 량	界 계	切 체	雨 우
場 량	界 계	切 체	雨 우	虛 허	佛 불	衆 중
雨 우	虛 허	佛 불	衆 중	空 공	刹 찰	妙 묘
衆 중	空 공	刹 찰	妙 묘	界 계	微 미	華 화
妙 묘	界 계	微 미	香 향	一 일	塵 진	見 견
衣 의	一 일	塵 진	見 견	切 체	數 수	一 일
見 견	切 체	數 수	一 일	諸 제	香 향	一 일

사경의 공덕은 십만억 부처님께 공양한 것과 같은 공덕이 있습니다.

一一毛孔出一切佛刹微塵
일일모공출일체불찰미진

數寶樹雲徧法界虛空界一
수보수운변법계허공계일

切諸佛衆會道場雨摩尼寶
체제불중회도량우마니보

見一一毛孔出一切佛刹微
견일일모공출일체불찰미

塵數色界天身雲充滿法界
진수색계천신운충만법계

歎菩提心見一一毛孔出一
탄보리심견일일모공출일

切佛刹微塵數梵天身雲勸
체불찰미진수범천신운권

歸 귀	偏 변	切 체	輪 륜	天 천	孔 공	諸 제
趣 취	法 법	佛 불	見 견	王 왕	出 출	如 여
者 자	界 계	刹 찰	一 일	身 신	一 일	來 래
爲 위	虛 허	微 미	一 일	雲 운	切 체	轉 전
作 작	空 공	塵 진	毛 모	護 호	佛 불	妙 묘
歸 귀	界 계	數 수	孔 공	持 지	刹 찰	法 법
趣 취	爲 위	三 삼	念 염	一 일	微 미	輪 륜
無 무	諸 제	世 세	念 념	切 체	塵 진	見 견
覆 부	衆 중	佛 불	中 중	如 여	數 수	一 일
護 호	生 생	刹 찰	出 출	來 래	欲 욕	一 일
者 자	無 무	雲 운	一 일	法 법	界 계	毛 모

佛 불	見 견	中 중	徧 변	切 체	止 지	爲 위
刹 찰	一 일	出 출	法 법	佛 불	見 견	作 작
微 미	一 일	世 세	界 계	刹 찰	一 일	覆 부
塵 진	毛 모	菩 보	虛 허	微 미	一 일	護 호
數 수	孔 공	薩 살	空 공	塵 진	毛 모	無 무
淨 정	念 염	衆 중	界 계	數 수	孔 공	依 의
不 부	念 념	會 회	一 일	淸 청	念 염	止 지
淨 정	中 중	悉 실	切 체	淨 정	念 념	者 자
佛 불	出 출	皆 개	諸 제	佛 불	中 중	爲 위
刹 찰	一 일	充 충	佛 불	刹 찰	出 출	作 작
雲 운	切 체	滿 만	於 어	雲 운	一 일	依 의

塵 진	毛 모	雜 잡	淨 정	中 중	皆 개	徧 변
數 수	孔 공	染 염	佛 불	出 출	得 득	法 법
不 부	念 염	衆 중	剎 찰	一 일	清 청	界 계
淨 정	念 념	生 생	雲 운	切 체	淨 정	虛 허
佛 불	中 중	皆 개	徧 변	佛 불	見 견	空 공
剎 찰	出 출	得 득	法 법	剎 찰	一 일	界 계
雲 운	一 일	清 청	界 계	微 미	一 일	令 영
徧 변	切 체	淨 정	虛 허	塵 진	毛 모	雜 잡
法 법	佛 불	見 견	空 공	數 수	孔 공	染 염
界 계	剎 찰	一 일	界 계	不 부	念 염	衆 중
虛 허	微 미	一 일	令 영	淨 정	念 념	生 생

사경의 공덕은 십만억 부처님께 공양한 것과 같은 공덕이 있습니다.

雲徧法界虛空界稱揚種種
운변법계허공계칭양종종

諸佛名號令諸衆生增長善
제불명호영제중생증장선

根見一一毛孔念念中出一
근견일일모공염념중출일

切佛刹微塵數菩薩身雲徧
체불찰미진수보살신운변

法界虛空界一切佛刹宣揚
법계허공계일체불찰선양

一切諸佛菩薩從初發意所
일체제불보살종초발의소

生善根見一一毛孔念念中
생선근견일일모공염념중

出一切佛刹微塵數菩薩身
출일체불찰미진수보살신

雲徧法界虛空界於一切佛
운변법계허공계어일체불

刹一一刹中宣揚一切菩薩
찰일일찰중선양일체보살

願海及普賢菩薩淸淨妙行
원해급보현보살청정묘행

見一一毛孔念念中出普賢
견일일모공염념중출보현

菩薩行雲令一切衆生心得
보살행운영일체중생심득

滿足具足修習一切智道見
만족구족수습일체지도견

사경의 공덕은 십만억 부처님께 공양한 것과 같은 공덕이 있습니다.

一一毛孔出一切佛刹微塵
일일모공출일체불찰미진

數正覺身雲於一切佛刹現
수정각신운어일체불찰현

成正覺令諸菩薩增長大法
성정각영제보살증장대법

成一切智
성일체지

爾時善財童子見普賢菩
이시선재동자견보현보

薩如是自在神通境界身心
살여시자재신통경계신심

徧喜踊躍無量重觀普賢一
변희용약무량중관보현일

사경의 공덕은 십만억 부처님께 공양한 것과 같은 공덕이 있습니다.

一身分一一毛孔悉有三千
일신분일일모공실유삼천

大千世界風輪水輪地輪火
대천세계풍륜수륜지륜화

輪大海江河及諸寶山須彌
륜대해강하급제보산수미

鐵圍村營城邑宮殿園苑一
철위촌영성읍궁전원원일

切地獄餓鬼畜生閻羅王界
체지옥아귀축생염라왕계

天龍八部人與非人欲界色
천룡팔부인여비인욕계색

界無色界處日月星宿風雲
계무색계처일월성수풍운

雷電晝夜月時及以年劫諸
佛出世菩薩衆會道場莊嚴
如是等事悉皆明見如見此
世界十方所有一切世界悉
如是見如見現在十方世界
前際後際一切世界亦如是
見各各差別不相雜亂如於

此毘盧遮那如來所示現如
차비로자나여래소시현여

是神通之力於東方蓮華德
시신통지력어동방련화덕

世界賢首佛所現神通力亦
세계현수불소현신통력역

復如是如賢首佛所如是東
부여시여현수불소여시동

方一切世界如東方南西北
방일체세계여동방남서북

方四維上下一切世界諸如
방사유상하일체세계제여

來所現神通力當知悉爾如
래소현신통력당지실이여

사경의 공덕은 십만억 부처님께 공양한 것과 같은 공덕이 있습니다.

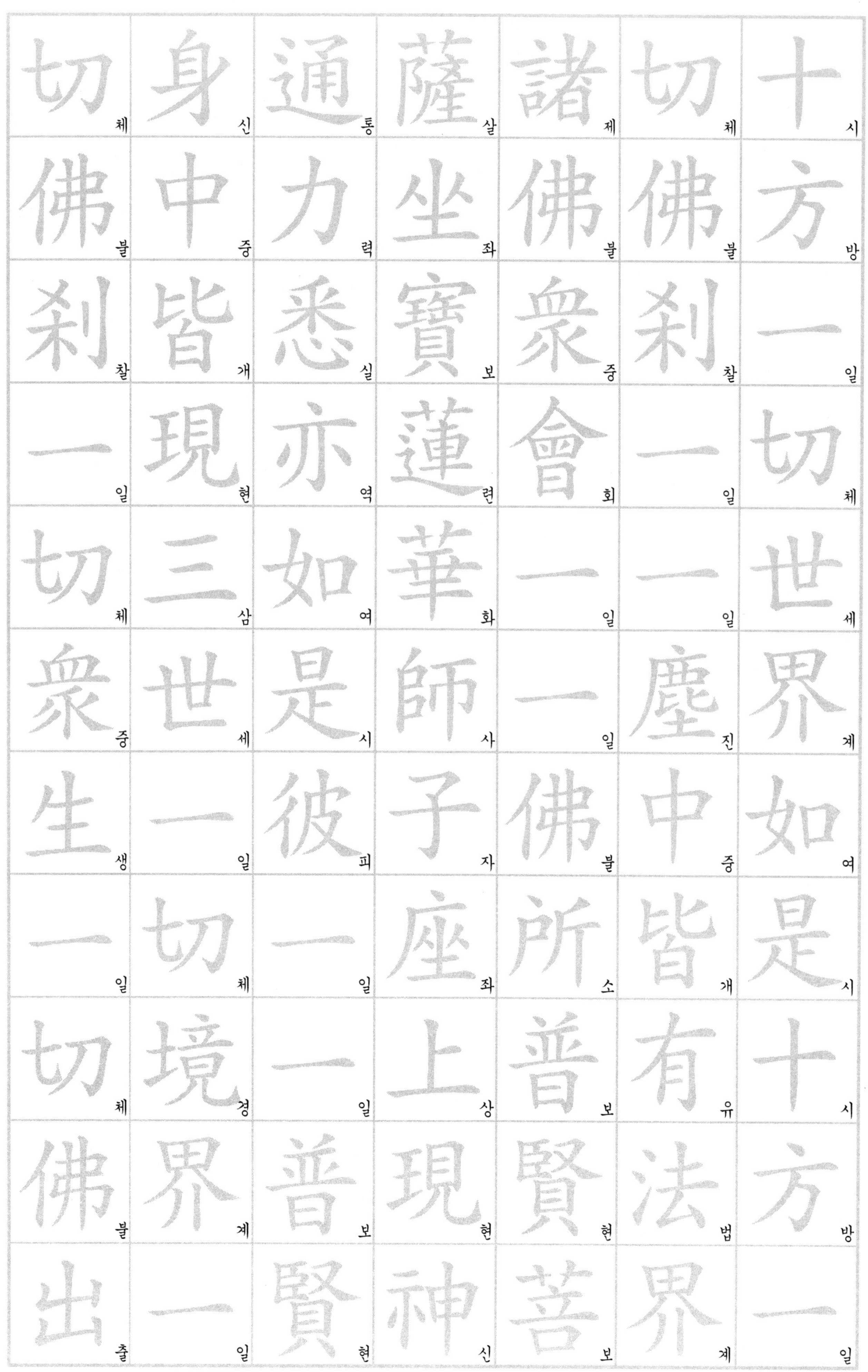

사경의 공덕은 십만억 부처님께 공양한 것과 같은 공덕이 있습니다.

現一切菩薩衆及聞一切衆
生言音一切佛言音一切如
來所轉法輪一切菩薩所成
諸行一切如來遊戲神通善
財童子見普賢菩薩如是無
量不可思議大神通力即得
十種智波羅蜜何等爲十所

謂於念念中悉能周徧一切
위어념념중실능주변일체

佛刹智波羅蜜於念念中悉
불찰지바라밀어념념중실

能往詣一切佛所智波羅蜜
능왕예일체불소지바라밀

於念念中悉能供養一切如
어념념중실능공양일체여

來智波羅蜜於念念中普於
래지바라밀어념념중보어

一切諸如來所聞法受持智
일체제여래소문법수지지

波羅蜜於念念中思惟一切
바라밀어념념중사유일체

如(여)來(래)法(법)輪(륜)智(지)波(바)羅(라)蜜(밀)於(어)念(념)念(념)

中(중)知(지)一(일)切(체)佛(불)不(불)可(가)思(사)議(의)大(대)神(신)

通(통)事(사)智(지)波(바)羅(라)蜜(밀)於(어)念(념)念(념)中(중)說(설)

一(일)句(구)法(법)盡(진)未(미)來(래)際(제)辯(변)才(재)無(무)盡(진)

智(지)波(바)羅(라)蜜(밀)於(어)念(념)念(념)中(중)以(이)深(심)般(반)

若(야)觀(관)一(일)切(체)法(법)智(지)波(바)羅(라)蜜(밀)於(어)念(념)

念(념)中(중)入(입)一(일)切(체)法(법)界(계)實(실)相(상)海(해)智(지)

微 미	摩 마	菩 보		賢 현	生 생	波 바
塵 진	頂 정	薩 살	善 선	慧 혜	心 심	羅 라
數 수	已 이	即 즉	財 재	行 행	智 지	蜜 밀
三 삼	善 선	伸 신	童 동	皆 개	波 바	於 어
昧 매	財 재	右 우	子 자	現 현	羅 라	念 념
門 문	即 즉	手 수	既 기	在 재	蜜 밀	念 념
各 각	得 득	摩 마	得 득	前 전	於 어	中 중
以 이	一 일	觸 촉	是 시	智 지	念 념	知 지
一 일	切 체	其 기	已 이	波 바	念 념	一 일
切 체	佛 불	頂 정	普 보	羅 라	中 중	切 체
佛 불	刹 찰	既 기	賢 현	蜜 밀	普 보	衆 중

一(일)	上(상)	生(생)	佛(불)	佛(불)	一(일)	刹(찰)
切(체)	妙(묘)	一(일)	刹(찰)	刹(찰)	三(삼)	微(미)
智(지)	法(법)	切(체)	微(미)	微(미)	昧(매)	塵(진)
大(대)	發(발)	佛(불)	塵(진)	塵(진)	悉(실)	數(수)
誓(서)	一(일)	刹(찰)	數(수)	數(수)	見(견)	三(삼)
願(원)	切(체)	微(미)	一(일)	佛(불)	昔(석)	昧(매)
入(입)	佛(불)	塵(진)	切(체)	大(대)	所(소)	而(이)
一(일)	刹(찰)	數(수)	智(지)	海(해)	未(미)	爲(위)
切(체)	微(미)	一(일)	助(조)	集(집)	見(견)	眷(권)
佛(불)	塵(진)	切(체)	道(도)	一(일)	一(일)	屬(속)
刹(찰)	數(수)	智(지)	具(구)	切(체)	切(체)	一(일)

微塵數大願海住一切佛刹
미진수대원해주일체불찰

微塵數一切智出要道修一
미진수일체지출요도수일

切佛刹微塵數諸菩薩所修
체불찰미진수제보살소수

行起一切佛刹微塵數一切
행기일체불찰미진수일체

智大精進得一切佛刹微塵
지대정진득일체불찰미진

數一切智淨光明如此娑婆
수일체지정광명여차사바

世界毘盧遮那佛所普賢菩
세계비로자나불소보현보

薩摩善財頂如是十方所有
살마선재정여시시방소유

世界及彼世界一一塵中一
세계급피세계일일진중일

切世界一切佛所普賢菩薩
체세계일체불소보현보살

悉亦如是摩善財頂所得法
실역여시마선재정소득법

門亦皆同等
문역개동등

爾時普賢菩薩摩訶薩告
이시보현보살마하살고

善財言善男子汝見我此神
선재언선남자여견아차신

通(통)力(력)不(부)唯(유)然(연)已(이)見(견)大(대)聖(성)此(차)不(부)
思(사)議(의)大(대)神(신)通(통)事(사)唯(유)是(시)如(여)來(래)之(지)
所(소)能(능)知(지)普(보)賢(현)告(고)言(언)善(선)男(남)子(자)我(아)
於(어)過(과)去(거)不(불)可(가)說(설)不(불)可(가)說(설)佛(불)刹(찰)
微(미)塵(진)數(수)劫(겁)行(행)菩(보)薩(살)行(행)求(구)一(일)切(체)
智(지)一(일)一(일)劫(겁)中(중)爲(위)欲(욕)淸(청)淨(정)菩(보)提(리)
心(심)故(고)承(승)事(사)不(불)可(가)說(설)不(불)可(가)說(설)佛(불)

사경의 공덕은 십만억 부처님께 공양한 것과 같은 공덕이 있습니다.

刹微塵數佛一一劫中爲集
찰미진수불일일겁중위집

一切智福德具故設不可說
일체지복덕구고설불가설

不可說佛刹微塵數廣大施
불가설불찰미진수광대시

會一切世間咸使聞知凡有
회일체세간함사문지범유

所求一令滿足一一劫中爲
소구일령만족일일겁중위

求一切智法故以不可說不
구일체지법고이불가설불

可說佛刹微塵數財物布施
가설불찰미진수재물보시

사경의 공덕은 십만억 부처님께 공양한 것과 같은 공덕이 있습니다.

사경의 공덕은 십만억 부처님께 공양한 것과 같은 공덕이 있습니다.

一劫中爲求一切智故於
(일겁중위구일체지고어)

不可說不可說佛刹微塵數
(불가설불가설불찰미진수)

諸如來所恭敬尊重承事供
(제여래소공경존중승사공)

養衣服臥具飮食湯藥一切
(양의복와구음식탕약일체)

所須悉皆奉施於其法中出
(소수실개봉시어기법중출)

家學道修行佛法護持正敎
(가학도수행불법호지정교)

善男子我於爾所劫海中目
(선남자아어이소겁해중목)

사경의 공덕은 십만억 부처님께 공양한 것과 같은 공덕이 있습니다.

憶未曾於一念間不順佛教
於一念間生瞋害心我我所
心自他差別心遠離菩提心
於生死中起疲厭心懶惰心
障礙心迷惑心唯住無上不
可沮壞集一切智助道之法
大菩提心善男子我莊嚴佛

土토 以이 大대 悲비 心심 救구 護호 衆중 生생 教교 化화

成성 就취 供공 養양 諸제 佛불 事사 善선 知지 識식 爲위

求구 正정 法법 弘홍 宣선 護호 持지 一일 切체 內내 外외

悉실 皆개 能능 捨사 乃내 至지 身신 命명 亦역 無무 所소

悋린 一일 切체 劫겁 海해 說설 其기 因인 緣연 劫겁 海해

可가 盡진 此차 無무 有유 盡진 善선 男남 子자 我아 法법

海해 中중 無무 有유 一일 文문 無무 有유 一일 句구 非비

願 원	照 조	衆 중	護 호	者 자	非 비	是 시
令 령	世 세	生 생	一 일	善 선	是 시	捨 사
衆 중	間 간	得 득	切 체	男 남	捨 사	施 시
生 생	願 원	聞 문	衆 중	子 자	施 시	轉 전
悉 실	爲 위	是 시	生 생	我 아	一 일	輪 륜
得 득	開 개	法 법	一 일	所 소	切 체	王 왕
安 안	示 시	願 원	心 심	求 구	所 소	位 위
樂 락	出 출	以 이	思 사	法 법	有 유	而 이
願 원	世 세	智 지	惟 유	皆 개	而 이	求 구
普 보	間 간	光 광	願 원	爲 위	求 구	得 득
稱 칭	智 지	普 보	諸 제	救 구	得 득	者 자

사경의 공덕은 십만억 부처님께 공양한 것과 같은 공덕이 있습니다.

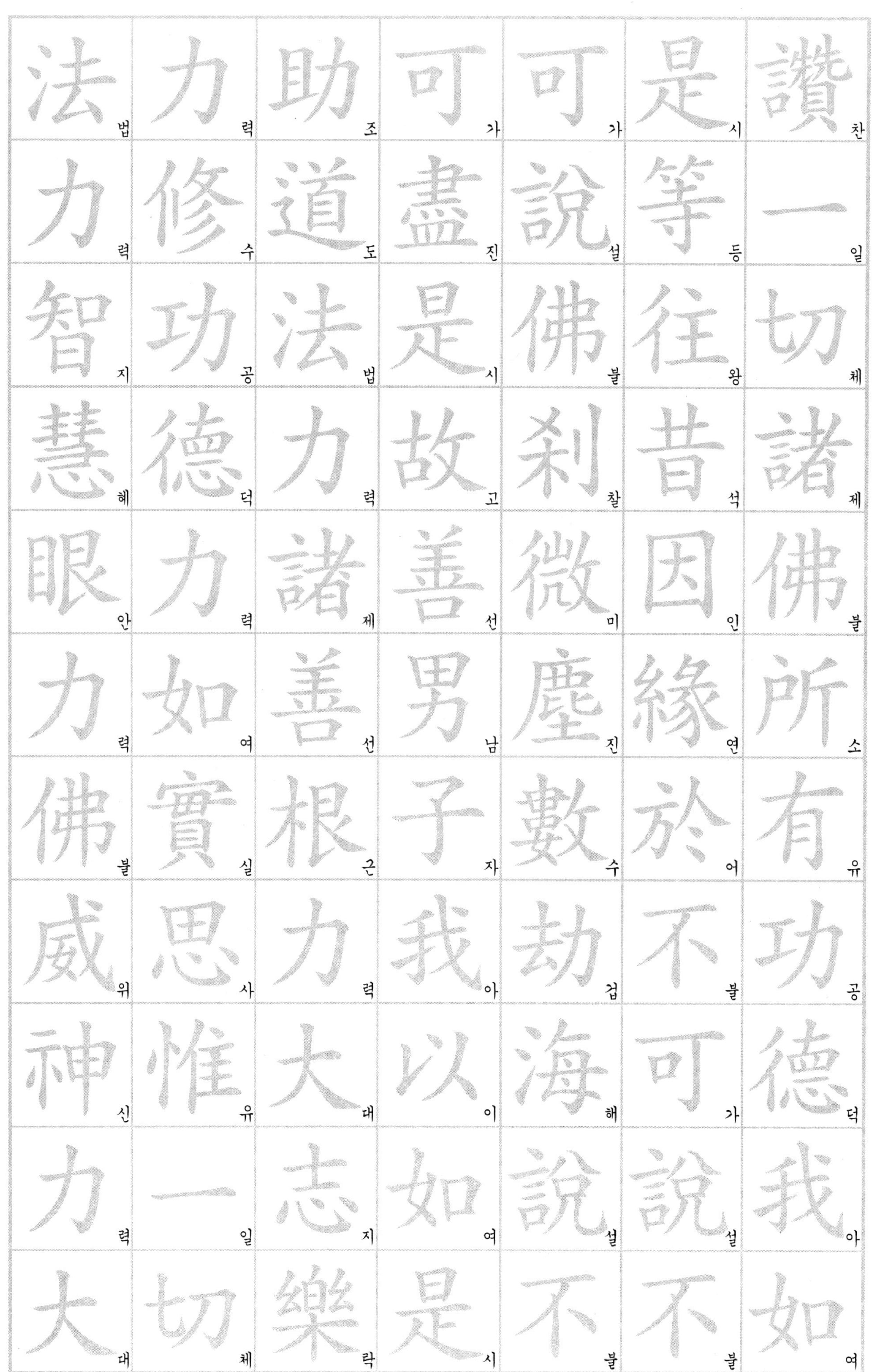
讚一切諸佛所有功德我如
是等往昔因緣於不可說不
可說佛剎微塵數劫海說不
可盡是故善男子我以如是
助道法力諸善根力大志樂
力修功德力如實思惟一切
法力智慧眼力佛威神力大

사경의 공덕은 십만억 부처님께 공양한 것과 같은 공덕이 있습니다.

慈悲力淨神通力善知識力
자비력정신통력선지식력

故得此究竟三世平等清淨
고득차구경삼세평등청정

法身復得清淨無上色身超
법신부득청정무상색신초

諸世間隨諸衆生心之所樂
제세간수제중생심지소락

而爲現形入一切刹徧一切
이위현형입일체찰변일체

處於諸世界廣現神通令其
처어제세계광현신통영기

見者靡不欣樂善男子汝且
견자미불흔락선남자여차

사경의 공덕은 십만억 부처님께 공양한 것과 같은 공덕이 있습니다.

羅 三 藐 三 菩 提 不 復 退 轉 若
라 삼 먁 삼 보 리 불 부 퇴 전 약

見 若 觸 若 迎 若 送 若 暫 隨 逐
견 약 촉 약 영 약 송 약 잠 수 축

乃 至 夢 中 見 聞 我 者 皆 亦 如
내 지 몽 중 견 문 아 자 개 역 여

是 或 有 衆 生 一 日 一 夜 憶 念
시 혹 유 중 생 일 일 일 야 억 념

於 我 則 得 成 熟 或 七 日 七 夜
어 아 즉 득 성 숙 혹 칠 일 칠 야

半 月 一 月 半 年 一 年 百 年 千
반 월 일 월 반 년 일 년 백 년 천

年 一 劫 百 劫 乃 至 不 可 說 不
년 일 겁 백 겁 내 지 불 가 설 불

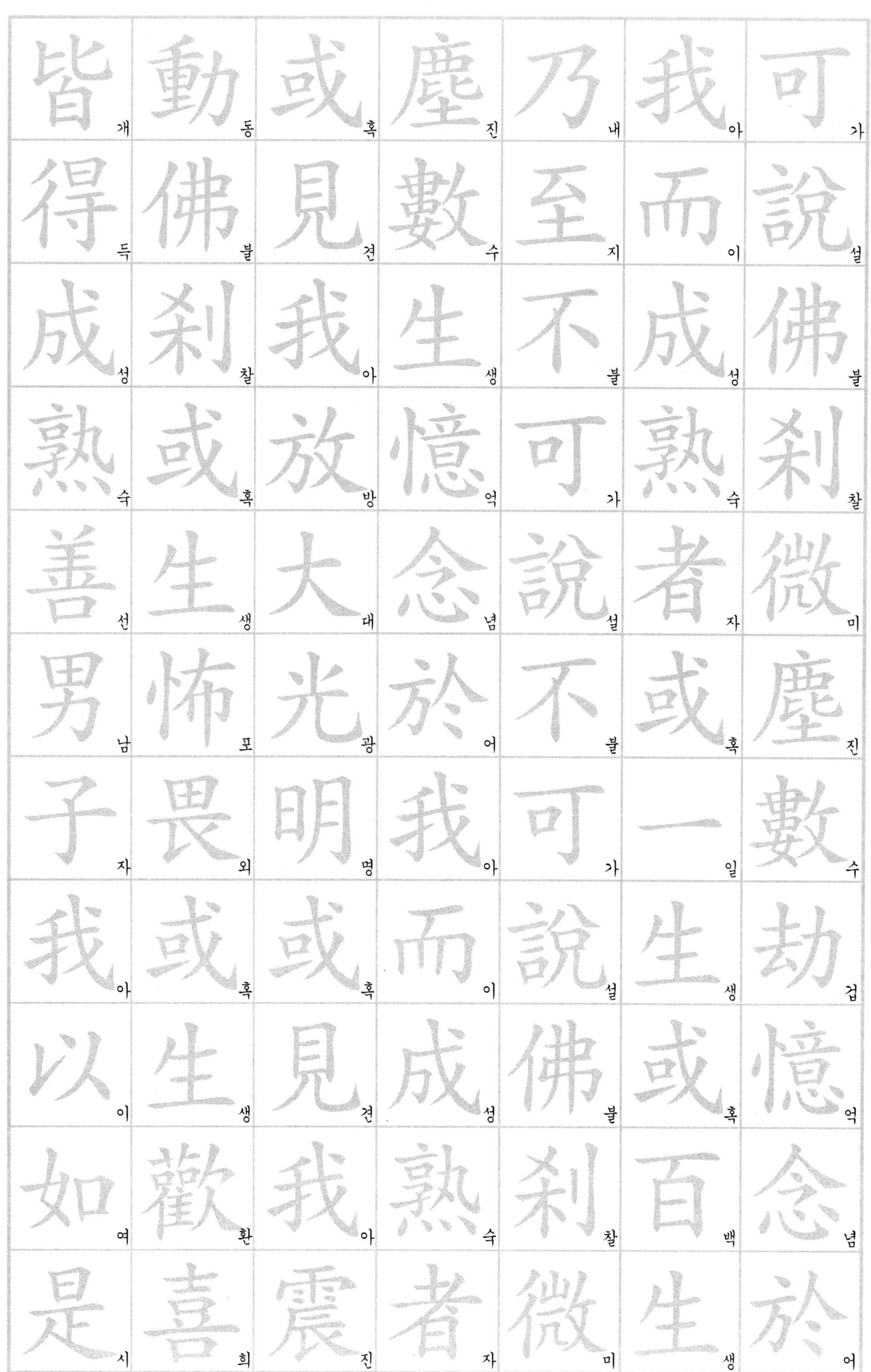

可說佛刹微塵數劫億念於
我而成熟者或一生或百生
乃至不可說不可說佛刹微
塵數生憶念於我而成熟者
或見我放大光明或見我震
動佛刹或生怖畏或生歡喜
皆得成熟善男子我以如是

清 청	聞 문	生 생	生 생	提 기	衆 중	等 등
淨 정	於 어	此 차	見 견	得 득	生 생	佛 불
身 신	我 아	清 청	聞 문	不 불	於 어	剎 찰
中 중	清 청	淨 정	於 어	退 퇴	阿 아	微 미
善 선	淨 정	剎 찰	我 아	轉 전	耨 뇩	塵 진
男 남	身 신	中 중	清 청	善 선	多 다	數 수
子 자	者 자	若 약	淨 정	男 남	羅 라	方 방
汝 여	必 필	有 유	剎 찰	子 자	三 삼	便 편
應 응	得 득	衆 중	者 자	若 약	藐 약	門 문
觀 관	生 생	生 생	必 필	有 유	三 삼	令 영
我 아	我 아	見 견	得 득	衆 중	菩 보	諸 제

사경의 공덕은 십만억 부처님께 공양한 것과 같은 공덕이 있습니다.

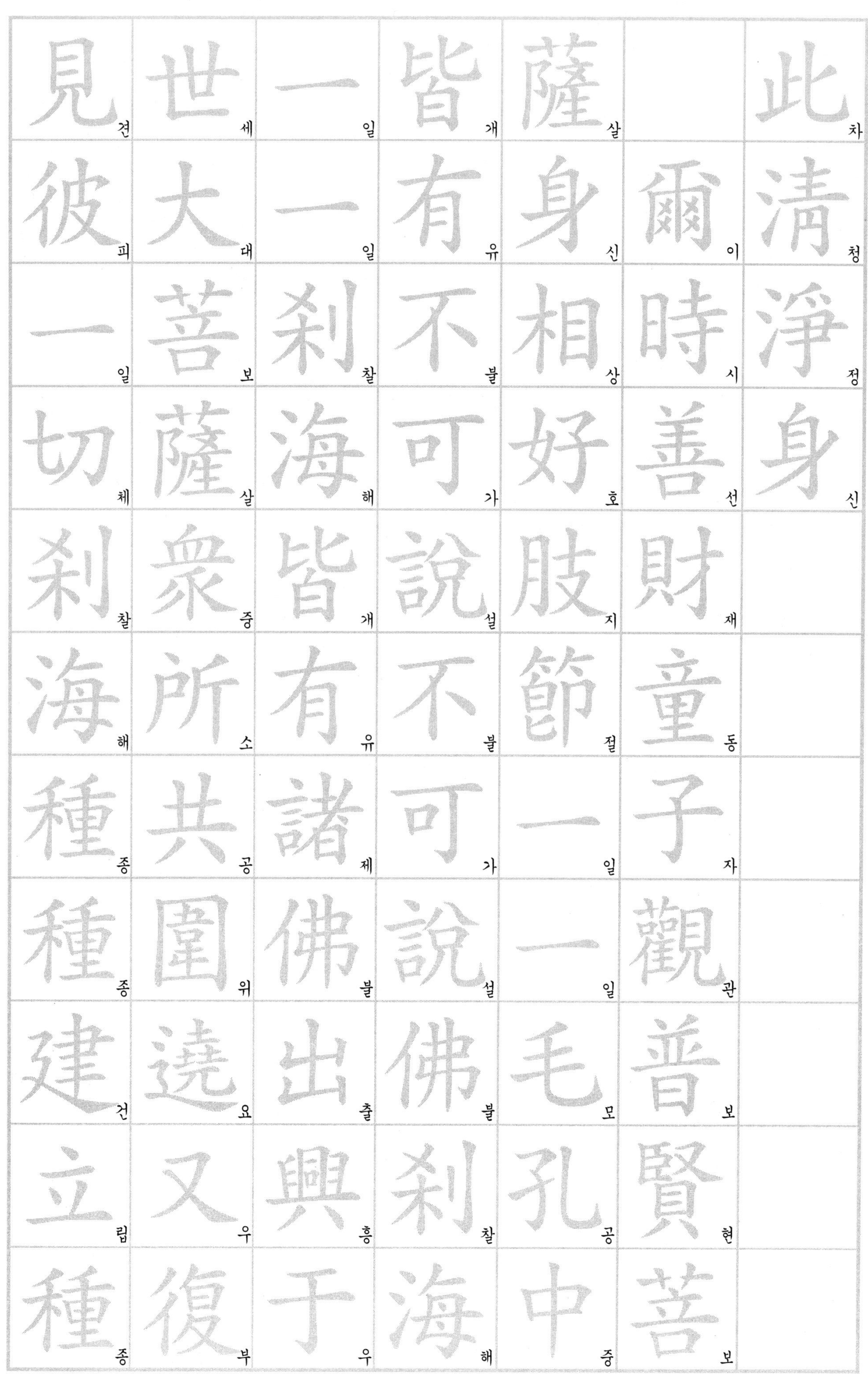

此 차 清 청 淨 정 身 신
爾 이 時 시 善 선 財 재 童 동 子 자 觀 관 普 보 賢 현 菩 보
薩 살 身 신 相 상 好 호 肢 지 節 절 一 일 一 일 毛 모 孔 공 中 중
皆 개 有 유 不 불 可 가 說 설 不 불 可 가 說 설 佛 불 刹 찰 海 해
一 일 一 일 刹 찰 海 해 皆 개 有 유 諸 제 佛 불 出 출 興 흥 于 우
世 세 大 대 菩 보 薩 살 衆 중 所 소 共 공 圍 위 遶 요 又 우 復 부
見 견 彼 피 一 일 切 체 刹 찰 海 해 種 종 種 종 建 건 立 립 種 종

種形狀種種莊嚴種種大山
종형상종종장엄종종대산

周帀圍遶種種色雲彌覆虛
주잡위요종종색운미부허

空種種佛興演種種法如是
공종종불흥연종종법여시

等事各各不同又見普賢於
등사각각부동우견보현어

一一世界海中出一切佛剎
일일세계해중출일체불찰

微塵數佛化身雲周徧十方
미진수불화신운주변시방

一切世界教化衆生令向阿
일체세계교화중생영향아

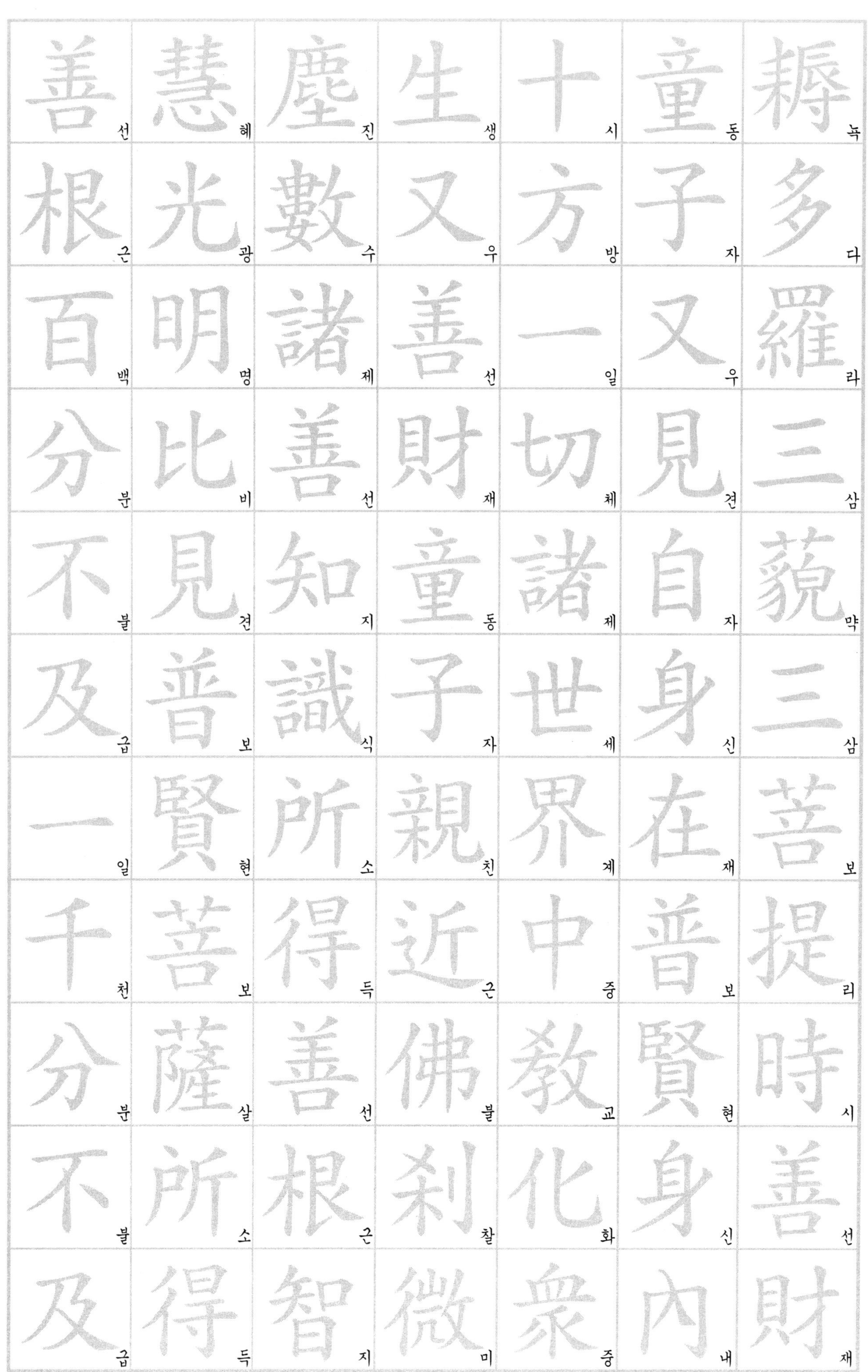
耨多羅三藐三菩提時善財
녹다라삼먁삼보리시선재
童子又見自身在普賢身內
동자우견자신재보현신내
十方一切諸世界中教化衆
시방일체제세계중교화중
生又善財童子親近佛刹微
생우선재동자친근불찰미
塵數善知識所得善根智
진수제선지식소득선근지
慧光明比見普賢菩薩所得
혜광명비견보현보살소득
善根百分不及一千分不及
선근백분불급일천분불급

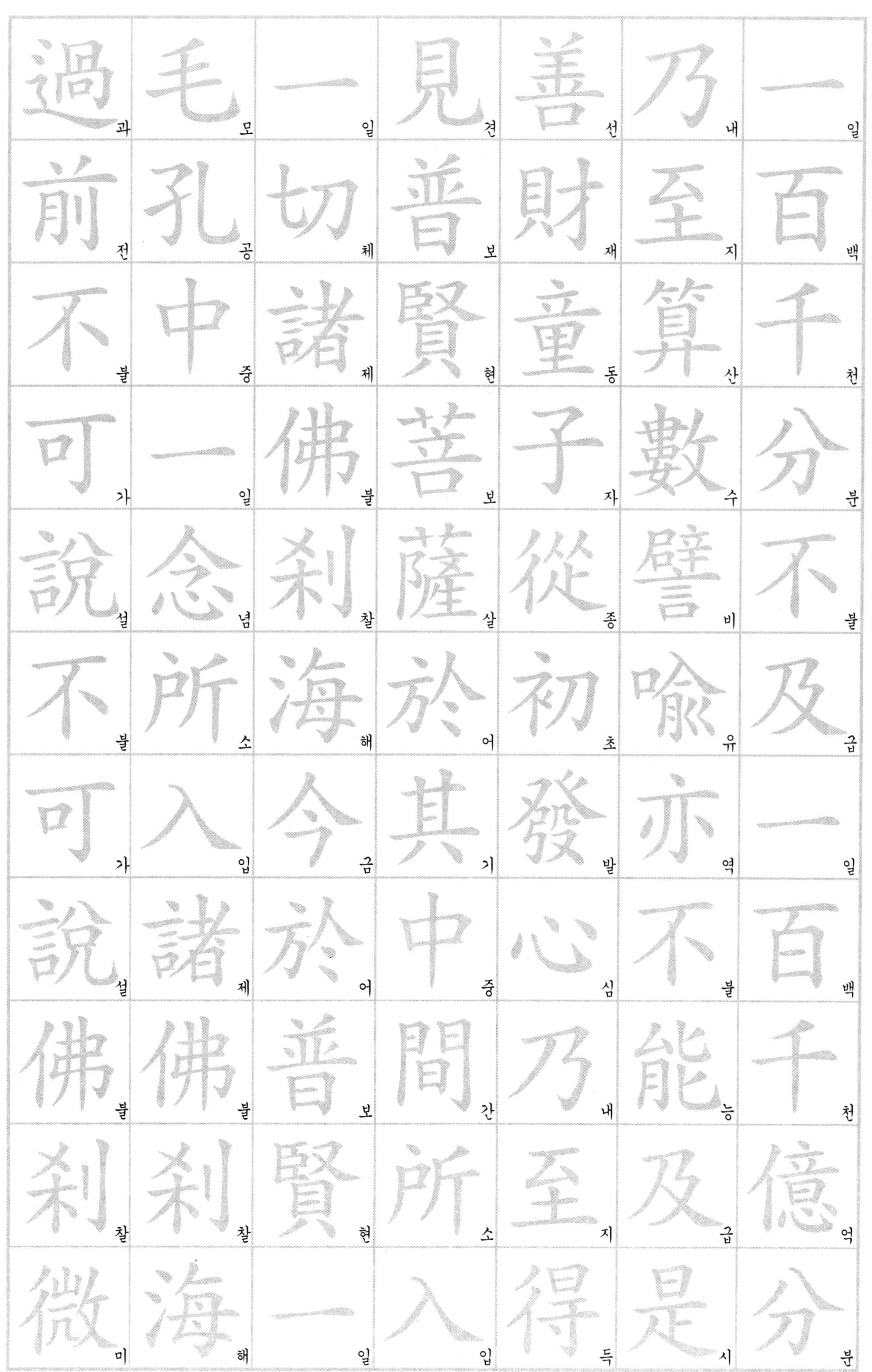

사경의 공덕은 십만억 부처님께 공양한 것과 같은 공덕이 있습니다.

塵(진) 數(수) 倍(배) 如(여) 一(일) 毛(모) 孔(공) 一(일) 切(체) 毛(모) 孔(공)

悉(실) 亦(역) 如(여) 是(시) 善(선) 財(재) 童(동) 子(자) 於(어) 普(보) 賢(현)

菩(보) 薩(살) 毛(모) 孔(공) 刹(찰) 中(중) 行(행) 一(일) 步(보) 過(과) 不(불)

可(가) 說(설) 不(불) 可(가) 說(설) 佛(불) 刹(찰) 微(미) 塵(진) 數(수) 世(세)

界(계) 如(여) 是(시) 而(이) 行(행) 盡(진) 未(미) 來(래) 劫(겁) 猶(유) 不(불)

能(능) 知(지) 一(일) 毛(모) 孔(공) 中(중) 刹(찰) 海(해) 次(차) 第(제) 刹(찰)

海(해) 藏(장) 刹(찰) 海(해) 差(차) 別(별) 刹(찰) 海(해) 普(보) 入(입) 刹(찰)

海成剎海壞剎海莊嚴所有
邊際亦不能知佛海次第佛
海藏佛海差別佛海普入佛
海生佛海滅所有邊際亦不
能知菩薩衆海次第菩薩衆
海藏菩薩衆海差別菩薩衆
海普入菩薩衆海集菩薩衆

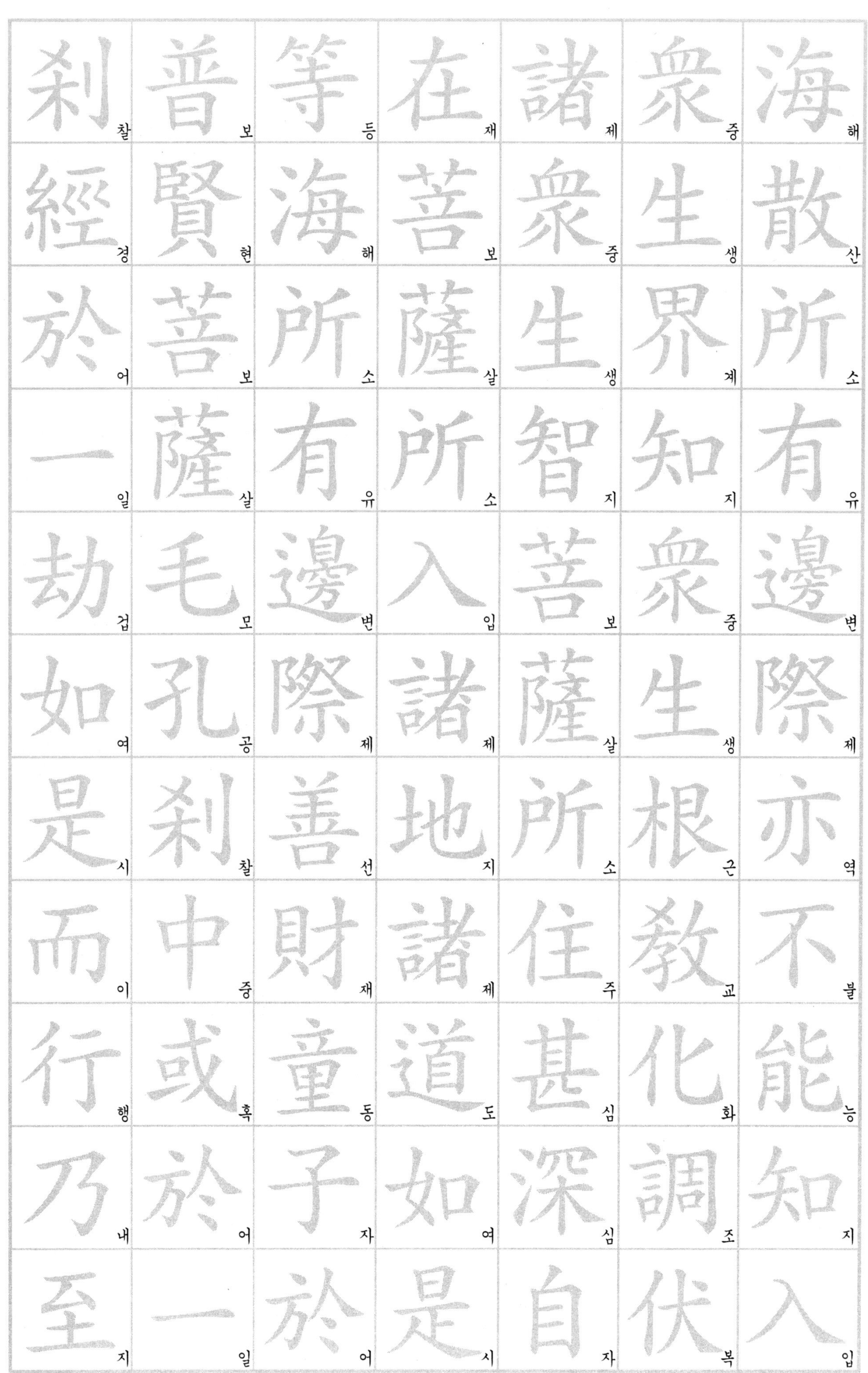
海散所有邊際亦不能知入
衆生界知衆生根教化調伏
諸衆生智菩薩所住甚深自
在菩薩所入諸地道如是
等海所有邊際善財童子於
普賢菩薩毛孔剎中或於一
剎經於一劫如是而行乃至

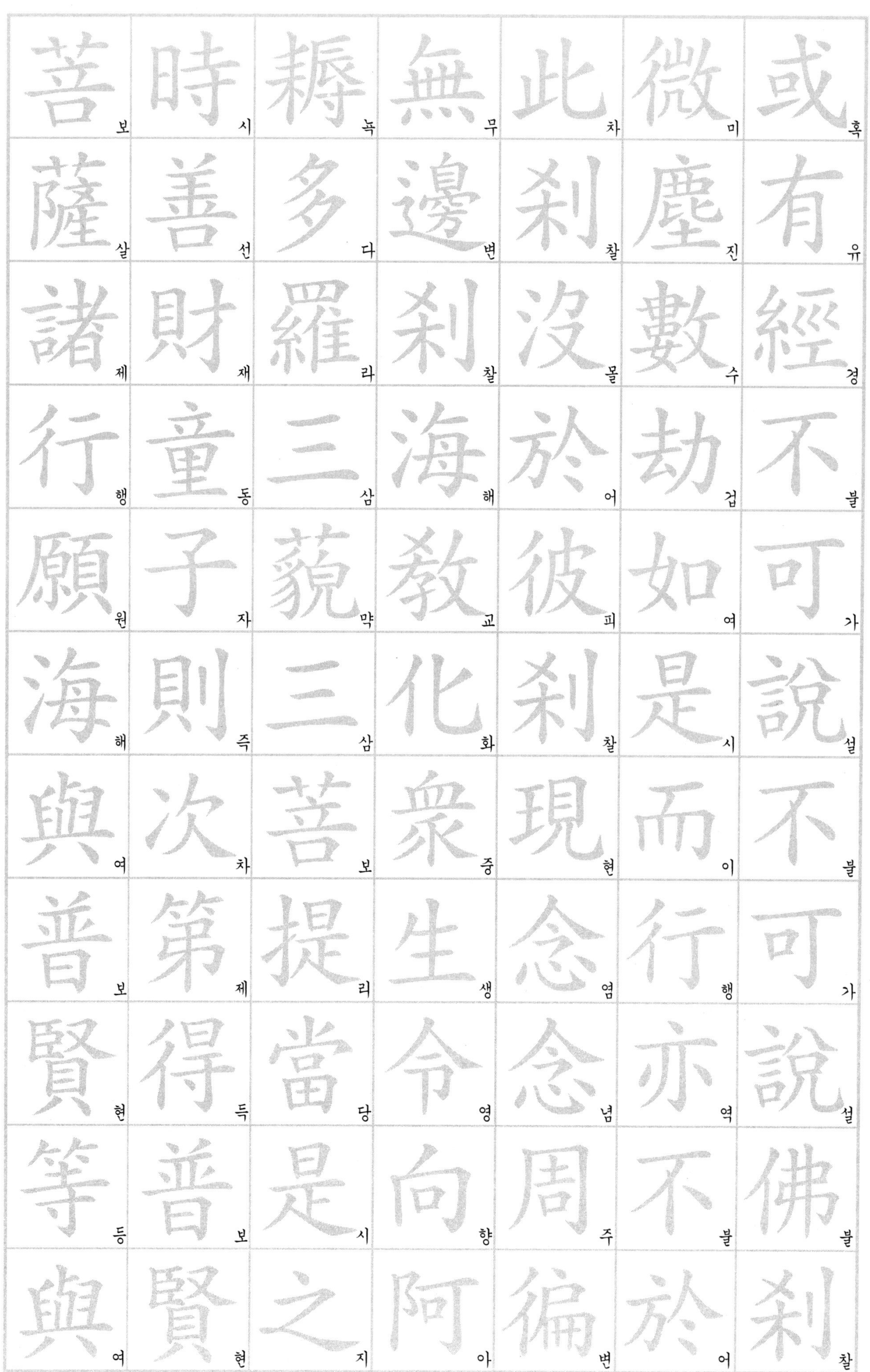

사경의 공덕은 십만억 부처님께 공양한 것과 같은 공덕이 있습니다.

諸佛等一身充滿一切世界
刹等行等正覺等神通等法
輪等辯才等言辭等音聲等
力無畏等佛所住等大慈悲
等不可思議解脫自在悉皆
同等爾時普賢菩薩摩訶薩
卽說頌言

사경의 공덕은 십만억 부처님께 공양한 것과 같은 공덕이 있습니다.

汝等應除諸惑垢
여등응제제혹구

一心不亂而諦聽
일심불란이제청

我說如來具諸度
아설여래구제도

一切解脫眞實道
일체해탈진실도

出世調柔勝丈夫
출세조유승장부

其心淸淨如虛空
기심청정여허공

恒放智日大光明
항방지일대광명

普使群生滅癡暗
보사군생멸치암

如來難可得見聞
여래난가득견문

無量億劫今乃值
무량억겁금내치

如優曇花時一現
여우담화시일현

是故應聽佛功德
시고응청불공덕

隨順世間諸所作
수순세간제소작

譬如幻士現衆業
비여환사현중업

사경의 공덕은 십만억 부처님께 공양한 것과 같은 공덕이 있습니다.

但(단)爲(위)悅(열)可(가)衆(중)生(생)心(심)

未(미)曾(증)分(분)別(별)起(기)想(상)念(념)

爾(이)時(시)諸(제)菩(보)薩(살)聞(문)此(차)說(설)已(이)一(일)

心(심)渴(갈)仰(앙)唯(유)願(원)得(득)聞(문)如(여)來(래)世(세)尊(존)

眞(진)實(실)功(공)德(덕)咸(함)作(작)是(시)念(념)普(보)賢(현)菩(보)

薩(살)具(구)修(수)諸(제)行(행)體(체)性(성)淸(청)淨(정)所(소)有(유)

言(언)說(설)皆(개)悉(실)不(불)虛(허)一(일)切(체)如(여)來(래)共(공)

사경의 공덕은 십만억 부처님께 공양한 것과 같은 공덕이 있습니다.

所稱歎作是念已深生渴仰
爾時普賢菩薩功德智慧
具足莊嚴猶如蓮華不着三
界一切塵垢告諸菩薩言汝
等諦聽我今欲說佛功德海
一滴之相即說頌言
佛智廣大同虛空

普徧一切衆生心 (보변일체중생심)
悉了世間諸妄想 (실료세간제망상)
不起種種異分別 (불기종종이분별)
一念悉知三世法 (일념실지삼세법)
亦了一切衆生根 (역료일체중생근)
譬如善巧大幻師 (비여선교대환사)
念念示現無邊事 (염념시현무변사)

隨衆生心種種行 (수중생심종종행)
往昔諸業誓願力 (왕석제업서원력)
令其所見各不同 (영기소견각부동)
而佛本來無動念 (이불본래무동념)
或有處處見佛坐 (혹유처처견불좌)
充滿十方諸世界 (충만시방제세계)
或有其心不淸淨 (혹유기심불청정)

사경의 공덕은 십만억 부처님께 공양한 것과 같은 공덕이 있습니다.

無量劫中不見佛
或有信解離憍慢
發意卽得見如來
或有諂誑不淨心
億劫尋求莫値遇
或一切處聞佛音
其音美妙令心悅

或有百千萬億劫 (혹유백천만억겁)
心不淨故不聞者 (심부정고불문자)
或見淸淨大菩薩 (혹견청정대보살)
充滿三千大千界 (충만삼천대천계)
皆已具足普賢行 (개이구족보현행)
如來於中儼然坐 (여래어중엄연좌)
或見此界妙無比 (혹견차계묘무비)

佛無量劫所嚴淨
불무량겁소엄정

毘盧遮那最勝尊
비로자나최승존

於中覺悟成菩提
어중각오성보리

或見蓮華勝妙刹
혹견련화승묘찰

賢首如來住在中
현수여래주재중

無量菩薩衆圍遶
무량보살중위요

皆悉勤修普賢行
개실근수보현행

或有見佛無量壽
혹유견불무량수

觀自在等所圍遶
관자재등소위요

悉已住於灌頂地
실이주어관정지

充滿十方諸世界
충만시방제세계

或有見此三千界
혹유견차삼천계

種種莊嚴如妙喜
종종장엄여묘희

阿閦如來住在中
아축여래주재중

사경의 공덕은 십만억 부처님께 공양한 것과 같은 공덕이 있습니다.

及如香象諸菩薩
급여향상제보살

或見月覺大名稱
혹견월각대명칭

與金剛幢菩薩等
여금강당보살등

住如圓鏡妙莊嚴
주여원경묘장엄

普徧十方淸淨刹
보변시방청정찰

或見日藏世所尊
혹견일장세소존

住善光明淸淨土
주선광명청정토

及與灌頂諸菩薩
급 여 관 정 제 보 살

充徧十方而說法
충 변 시 방 이 설 법

或見金剛大焰佛
혹 견 금 강 대 염 불

而與智幢菩薩俱
이 여 지 당 보 살 구

周行一切廣大刹
주 행 일 체 광 대 찰

說法除滅衆生翳
설 법 제 멸 중 생 예

一一毛端不可說
일 일 모 단 불 가 설

諸佛具相三十二
제불구상삼십이

菩薩眷屬共圍遶
보살권속공위요

種種說法度衆生
종종설법도중생

或有觀見一毛孔
혹유관견일모공

具足莊嚴廣大刹
구족장엄광대찰

無量如來悉在中
무량여래실재중

清淨佛子皆充滿
청정불자개충만

或有見一微塵內
具有恒沙佛國土
無量菩薩悉充滿
不可說劫修諸行
或有見一毛端處
無量塵沙諸刹海
種種業起各差別

毘盧遮那轉法輪 (비로자나전법륜)

或見世界不清淨 (혹견세계불청정)

或見清淨寶所成 (혹견청정보소성)

如來住壽無量時 (여래주수무량시)

乃至涅槃諸所現 (내지열반제소현)

普徧十方諸世界 (보변시방제세계)

種種示現不思議 (종종시현부사의)

隨諸衆生心智業 (수제중생심지업)
靡不化度令淸淨 (미불화도령청정)
如是無上大導師 (여시무상대도사)
充滿十方諸國土 (충만시방제국토)
示現種種神通力 (시현종종신통력)
我說少分汝當聽 (아설소분여당청)
或見釋迦成佛道 (혹견석가성불도)

已經不可思議劫 (이경불가사의겁)

或見今始爲菩薩 (혹견금시위보살)

十方利益諸衆生 (시방이익제중생)

或有見此釋師子 (혹유견차석사자)

供養諸佛修行道 (공양제불수행도)

或見人中最勝尊 (혹견인중최승존)

現種種力神通事 (현종종력신통사)

사경의 공덕은 십만억 부처님께 공양한 것과 같은 공덕이 있습니다.

或見布施或持戒 (혹견보시혹지계)
或忍或進或諸禪 (혹인혹진혹제선)
般若方便願力智 (반야방편원력지)
隨衆生心皆示現 (수중생심개시현)
或見究竟波羅蜜 (혹견구경바라밀)
或見安住於諸地 (혹견안주어제지)
總持三昧神通智 (총지삼매신통지)

如是悉現無不盡 (여시실현무불진)
或現修行無量劫 (혹현수행무량겁)
住於菩薩堪忍位 (주어보살감인위)
或現住於不退地 (혹현주어불퇴지)
或現法水灌其頂 (혹현법수관기정)
或現梵釋護世身 (혹현범석호세신)
或現剎利婆羅門 (혹현찰리바라문)

種種色相所莊嚴 (종종색상소장엄)
猶如幻師現衆像 (유여환사현중상)
或現兜率始降神 (혹현도솔시강신)
或見宮中受嬪御 (혹견궁중수빈어)
或見棄捨諸榮樂 (혹견기사제영락)
出家離俗行學道 (출가리속행학도)
或見始生或見滅 (혹견시생혹견멸)

或見出家學異行
혹견출가학이행

或見坐於菩提樹
혹견좌어보리수

降伏魔軍成正覺
항복마군성정각

或有見佛始涅槃
혹유견불시열반

或見起塔徧世間
혹견기탑변세간

或見塔中立佛像
혹견탑중립불상

以知時故如是現
이지시고여시현

사경의 공덕은 십만억 부처님께 공양한 것과 같은 공덕이 있습니다.

或見如來無量壽
與諸菩薩授尊記
而成無上大導師
次補住於安樂剎
或見無量億千劫
作佛事已入涅槃
或見今始成菩提

或見正修諸妙行
혹견정수제묘행

或見如來淸淨月
혹견여래청정월

在於梵世及魔宮
재어범세급마궁

自在天宮化樂宮
자재천궁화락궁

示現種種諸神變
시현종종제신변

或見在於兜率宮
혹견재어도솔궁

無量諸天共圍遶
무량제천공위요

爲彼說法令歡喜 (위피설법령환희)
悉共發心供養佛 (실공발심공양불)
或見住在夜摩天 (혹견주재야마천)
忉利護世龍神處 (도리호세용신처)
如是一切諸宮殿 (여시일체제궁전)
莫不於中現其像 (막불어중현기상)
於彼然燈世尊所 (어피연등세존소)

사경의 공덕은 십만억 부처님께 공양한 것과 같은 공덕이 있습니다.

散華布髮爲供養
산화포발위공양

從是了知深妙法
종시료지심묘법

恒以此道化群生
항이차도화군생

或有見佛久涅槃
혹유견불구열반

或見初始成菩提
혹견초시성보리

或見住於無量劫
혹견주어무량겁

或見須臾卽滅度
혹견수유즉멸도

사경의 공덕은 십만억 부처님께 공양한 것과 같은 공덕이 있습니다.

身相光明與壽命 (신상광명여수명)
智慧菩提及涅槃 (지혜보리급열반)
衆會所化威儀聲 (중회소화위의성)
如是一一皆無數 (여시일일개무수)
或現其身極廣大 (혹현기신극광대)
譬如須彌大寶山 (비여수미대보산)
或見跏趺不動搖 (혹견가부부동요)

사경의 공덕은 십만억 부처님께 공양한 것과 같은 공덕이 있습니다.

充滿無邊諸世界
충만무변제세계

或見圓光一尋量
혹견원광일심량

或見千萬億由旬
혹견천만억유순

或見照於無量土
혹견조어무량토

或見充滿一切刹
혹견충만일체찰

或見佛壽八十年
혹견불수팔십년

或壽百千萬億歲
혹수백천만억세

사경의 공덕은 십만억 부처님께 공양한 것과 같은 공덕이 있습니다.

或住不可思議劫 (혹주불가사의겁)
如是展轉倍過此 (여시전전배과차)
佛智通達淨無礙 (불지통달정무애)
一念普知三世法 (일념보지삼세법)
皆從心識因緣起 (개종심식인연기)
生滅無常無自性 (생멸무상무자성)
於一剎中成正覺 (어일찰중성정각)

一切刹處悉亦成
일체찰처실역성

一切入一一亦爾
일체입일일역이

隨衆生心皆示現
수중생심개시현

如來住於無上道
여래주어무상도

成就十力四無畏
성취십력사무외

具足智慧無所礙
구족지혜무소애

轉於十二行法輪
전어십이행법륜

了知苦集及滅道
요지고집급멸도

分別十二因緣法
분별십이인연법

法義樂說辭無礙
법의요설사무애

以是四辯廣開演
이시사변광개연

諸法無我無有相
제법무아무유상

業性不起亦無失
업성불기역무실

一切遠離如虛空
일체원리여허공

사경의 공덕은 십만억 부처님께 공양한 것과 같은 공덕이 있습니다.

佛以方便而分別 불이방편이분별

如來如是轉法輪 여래여시전법륜

普震十方諸國土 보진시방제국토

宮殿山河悉搖動 궁전산하실요동

不使衆生有驚怖 불사중생유경포

如來普演廣大音 여래보연광대음

隨其根欲皆令解 수기근욕개령해

悉使發心除惑垢
실사발심제혹구

而佛未始生心念
이불미시생심념

或聞施戒忍精進
혹문시계인정진

禪定般若方便智
선정반야방편지

或聞慈悲及喜捨
혹문자비급희사

種種音辭各差別
종종음사각차별

或聞四念四正勤
혹문사념사정근

神足根力及覺道
신족근력급각도

諸念神通止觀等
제념신통지관등

無量方便諸法門
무량방편제법문

龍神八部人非人
용신팔부인비인

梵釋護世諸天衆
범석호세제천중

佛以一音爲說法
불이일음위설법

隨其品類皆令解
수기품류개령해

若有貪欲瞋恚癡 약유탐욕진에치

忿覆慳嫉及憍諂 분부간질급교첨

八萬四千煩惱異 팔만사천번뇌이

皆令聞說彼治法 개령문설피치법

若未具修白淨法 약미구수백정법

令其聞說十戒行 영기문설십계행

已能布施調伏人 이능보시조복인

令聞寂滅涅槃音
영문적멸열반음

若人志劣無慈愍
약인지렬무자민

厭惡生死自求離
염오생사자구리

令其聞說三脫門
영기문설삼탈문

使得出苦涅槃樂
사득출고열반락

若有自性少諸欲
약유자성소제욕

厭背三有求寂靜
염배삼유구적정

令其聞說諸緣起 (영기문설제연기)
依獨覺乘而出離 (의독각승이출리)
若有清淨廣大心 (약유청정광대심)
具足施戒諸功德 (구족시계제공덕)
親近如來具慈愍 (친근여래구자민)
令其聞說大乘音 (영기문설대승음)
或有國土聞一乘 (혹유국토문일승)

或二或三或四五
혹이혹삼혹사오

如是乃至無有量
여시내지무유량

悉是如來方便力
실시여래방편력

涅槃寂靜未曾異
열반적정미증이

智行勝劣有差別
지행승렬유차별

譬如虛空體性一
비여허공체성일

鳥飛遠近各不同
조비원근각부동

佛體音聲亦如是
불체음성역여시

普徧一切虛空界
보변일체허공계

隨諸衆生心智殊
수제중생심지수

所聞所見各差別
소문소견각차별

佛以過去修諸行
불이과거수제행

能隨所樂演妙音
능수소락연묘음

無心計念此與彼
무심계념차여피

사경의 공덕은 십만억 부처님께 공양한 것과 같은 공덕이 있습니다.

我爲誰說誰不說
아위수설수불설

如來面門放大光
여래면문방대광

具足八萬四千數
구족팔만사천수

所說法門亦如是
소설법문역여시

普照世界除煩惱
보조세계제번뇌

具足淸淨功德智
구족청정공덕지

而常隨順三世間
이상수순삼세간

사경의 공덕은 십만억 부처님께 공양한 것과 같은 공덕이 있습니다.

譬如虛空無染着
비여허공무염착

爲衆生故而出現
위중생고이출현

示有生老病死苦
시유생노병사고

亦示住壽處於世
역시주수처어세

雖順世間如是現
수순세간여시현

體性淸淨同虛空
체성청정동허공

一切國土無有邊
일체국토무유변

衆生根欲亦無量
如來智眼皆明見
隨所應化示佛道
究竟虛空十方界
所有人天大衆中
隨其形相各不同
佛現其身亦如是

若在沙門大衆會
약재사문대중회

剃除鬚髮服袈裟
체제수발복가사

執持衣鉢護諸根
집지의발호제근

令其歡喜息煩惱
영기환희식번뇌

若時親近婆羅門
약시친근바라문

卽爲示現羸瘦身
즉위시현리수신

執杖持甁恒潔淨
집장지병항결정

具足智慧巧談說 (구족지혜교담설)

吐故納新自充飽 (토고납신자충포)

吸風飲露無異食 (흡풍음로무이식)

若坐若立不動搖 (약좌약립부동요)

現斯苦行摧異道 (현사고행최이도)

或持彼戒爲世師 (혹지피계위세사)

善達醫方等諸論 (선달의방등제론)

書數天文地衆相
서수천문지중상

及身休咎無不了
급신휴구무불료

深入諸禪及解脫
심입제선급해탈

三昧神通智慧行
삼매신통지혜행

言談諷詠共嬉戲
언담풍영공희희

方便皆令住佛道
방편개령주불도

或現上服以嚴身
혹현상복이엄신

首戴華冠蔭高蓋
수대화관음고개

四兵前後共圍遶
사병전후공위요

警衆宣威伏小王
경중선위복소왕

或爲聽訟斷獄官
혹위청송단옥관

善解世間諸法務
선해세간제법무

所有與奪皆明審
소유여탈개명심

令其一切悉欣伏
영기일체실흔복

或作大臣專弼輔
(혹작대신전필보)

善用諸王治正法
(선용제왕치정법)

十方利益皆周徧
(시방이익개주변)

一切衆生莫了知
(일체중생막료지)

或爲粟散諸小王
(혹위속산제소왕)

或作飛行轉輪帝
(혹작비행전륜제)

令諸王子婇女衆
(영제왕자채녀중)

悉皆受化無能測
실개수화무능측

或作護世四天王
혹작호세사천왕

統領諸龍夜叉等
통령제룡야차등

爲其衆會而說法
위기중회이설법

一切皆令大欣慶
일체개령대흔경

或爲忉利大天王
혹위도리대천왕

住善法堂歡喜園
주선법당환희원

首戴華冠說妙法 (수대화관설묘법)

諸天覲仰莫能測 (제천근앙막능측)

或住夜摩兜率天 (혹주야마도솔천)

化樂自在魔王所 (화락자재마왕소)

居處摩尼寶宮殿 (거처마니보궁전)

說眞實行令調伏 (설진실행령조복)

或至梵天衆會中 (혹지범천중회중)

說四無量諸禪道 (설사무량제선도)
普令歡喜便捨去 (보령환희편사거)
而莫知其往來相 (이막지기왕래상)
或至阿迦尼吒天 (혹지아가니타천)
爲說覺分諸寶華 (위설각분제보화)
及餘無量聖功德 (급여무량성공덕)
然後捨去無知者 (연후사거무지자)

如來無礙智所見
여래무애지소견

其中一切諸衆生
기중일체제중생

悉以無邊方便門
실이무변방편문

種種教化令成就
종종교화령성취

譬如幻師善幻術
비여환사선환술

現作種種諸幻事
현작종종제환사

佛化衆生亦如是
불화중생역여시

爲其示現種種身
위기시현종종신

譬如淨月在虛空
비여정월재허공

令世衆生見增減
영세중생견증감

一切河池現影像
일체하지현영상

所有星宿奪光色
소유성수탈광색

如來智月出世間
여래지월출세간

亦以方便示增減
역이방편시증감

菩薩心水現其影 (보살심수현기영)

聲聞星宿無光色 (성문성수무광색)

譬如大海寶充滿 (비여대해보충만)

清淨無濁無有量 (청정무탁무유량)

四洲所有諸衆生 (사주소유제중생)

一切於中現其像 (일체어중현기상)

佛身功德海亦爾 (불신공덕해역이)

無垢無濁無邊際 (무구무탁무변제)
乃至法界諸衆生 (내지법계제중생)
靡不於中現其影 (미불어중현기영)
譬如淨日放千光 (비여정일방천광)
不動本處照十方 (부동본처조시방)
佛日光明亦如是 (불일광명역여시)
無去無來除世暗 (무거무래제세암)

譬如龍王降大雨 (비여용왕강대우)
不從身出及心出 (부종신출급심출)
而能霑洽悉周徧 (이능점흡실주변)
滌除炎熱使淸涼 (척제염열사청량)
如來法雨亦復然 (여래법우역부연)
不從於佛身心出 (부종어불신심출)
而能開悟一切衆 (이능개오일체중)

普使滅除三毒火 (보사멸제삼독화)

如來清淨妙法身 (여래청정묘법신)

一切三界無倫匹 (일체삼계무륜필)

以出世間言語道 (이출세간언어도)

其性非有非無故 (기성비유비무고)

雖無所依無不住 (수무소의무부주)

雖無不至而不去 (수무부지이불거)

如空中畫夢所見 (여공중화몽소견)

當於佛體如是觀 (당어불체여시관)

三界有無一切法 (삼계유무일체법)

不能與佛爲譬喩 (불능여불위비유)

譬如山林鳥獸等 (비여산림조수등)

無有依空而住者 (무유의공이주자)

大海摩尼無量色 (대해마니무량색)

사경의 공덕은 십만억 부처님께 공양한 것과 같은 공덕이 있습니다.

佛身差別亦復然 (불신차별역부연)
如來非色非非色 (여래비색비비색)
隨應而現無所住 (수응이현무소주)
虛空眞如及實際 (허공진여급실제)
涅槃法性寂滅等 (열반법성적멸등)
唯有如是眞實法 (유유여시진실법)
可以顯示於如來 (가이현시어여래)

刹塵心念可數知
찰진심념가수지

大海中水可飮盡
대해중수가음진

虛空可量風可繫
허공가량풍가계

無能盡說佛功德
무능진설불공덕

若有聞斯功德海
약유문사공덕해

而生歡喜信解心
이생환희신해심

如所稱揚悉當獲
여소칭양실당획

愼신勿물於어此차懷회疑의念념

發 願 文

귀의 삼보하옵고
거룩하신 부처님께 발원하옵나이다.

주　　소 : ____________________

전　　화 : ____________　불 명 : ________　성 명 : ________

불기 25 ________ 년 ________ 월 ________ 일